Die Reichsfinanzreform

insbesondere

vom staatsrechtlichen Gesichtspunkte.

Von

Dr. Georg von Mayr,

o. Professor der Statistik, Finanzwissenschaft und Nationalökonomie an der Universität München, Kaiserl. Unterstaatssekretär z. D.

München und Berlin.
Druck und Verlag von R. Oldenbourg.
1902.

Vorbemerkung.

Die in dieser kleinen Schrift enthaltenen Erörterungen über die Reichsfinanzreform haben den Gegenstand eines Vortrags gebildet, den ich in der Juristischen Gesellschaft München am 21. März l. Js. gehalten habe. Dieser Vortrag ist alsbald, noch im Laufe des März, in der Allgemeinen Zeitung veröffentlicht worden. Als ich mich zu der vorliegenden weiteren Veröffentlichung desselben entschloß, erwog ich zunächst, ob es nicht angezeigt sei, die Einzelausführungen des Vortrags, insbesondere nach der speciell finanzpolitischen und der steuerpolitischen Seite weiter auszubauen.

Andeutungen über die Richtung, in welcher dieser Ausbau zu geschehen hätte, wird der freundliche Leser an verschiedenen Stellen des Vortrags finden. Ich habe mich schließlich dafür entschieden, den Vortrag ohne weitere Zuthat zu veröffentlichen. Leitend war dabei für mich die Erwägung, daß es im jetzigen Augenblick, da die Neugestaltung der deutschen Handelspolitik im Vordergrund des Interesses steht, sich nicht darum handeln kann, die Einzelheiten der im Hintergrund der wirtschaftspolitischen Probleme sich erhebenden Frage der Reichsfinanzreform zu erörtern. Es kommt jetzt m. E. nur darauf an, die Gestaltung dieser zweitnächsten großen Frage, die im Deutschen Reiche zu lösen sein wird, in großen Zügen darzulegen. So viel aber erscheint mir allerdings gerade im

Zusammenhang mit dem Problem der Handelspolitik durchaus notwendig. Wirtschafts- und Finanzpolitik eines großen nationalen Gemeinwesens können nicht vollständig von einander getrennt werden. Man wird demgemäß auch bei der Feststellung des Zolltarifs der Finanzlage und der Anforderungen, welche diese stellt, eingedenk sein dürfen, oder doch wenigstens sich klar zu machen haben, welche Rückwirkung die Tarifgestaltung und die daraus sich ergebende Zolleinnahme auf die Erschwerung oder Erleichterung der Durchführung der Reichsfinanzreform äußern wird. In diesem Sinne halte ich eine knappe programmatische Erörterung der Finanzfrage zugleich für einen Beitrag zu dem aktuellen Problem der deutschen Wirtschaftspolitik, das in der Ausgestaltung des deutschen Zolltarifs gegeben ist.

Wenn ich mich aus den hier angegebenen Gründen jeder Zuthat zu der ursprünglichen Fassung meiner Erörterungen über die Reichsfinanzreform enthalte, so möchte ich doch nicht unterlassen, an dieser Stelle auf die ausgezeichneten Ausführungen hinzuweisen, welche das inzwischen mir zur Hand gekommene Werk des badischen Finanzministers Dr. Buchenberger[1]) in dem Abschnitt (IV) über das Reichsfinanzwesen enthält. In den Ausführungen Buchenbergers habe ich für meine Auffassung der Reichsfinanzreformfrage mannigfache und wertvolle Stützen gefunden.

München im Mai 1902.

G. v. Mayr.

---

[1]) Finanzpolitik und Staatshaushalt im Großherzogtum Baden in den Jahren 1850—1900. Zugleich ein Beitrag zur deutschen Finanzpolitik. Heidelberg 1902.

Wenn ich an eine knappe Erörterung einiger Hauptfragen der Reichsfinanzreform, insbesondere vom staatsrechtlichen Gesichtspunkte, herantrete, so muß ich vor allem vorausschicken, daß hierbei die „staatsrechtliche" Betrachtung in einem weiteren als dem streng wörtlichen Sinne erfaßt ist. Ich beabsichtige nicht eine ausschließend juristische Untersuchung unseres Problems, sondern — wenn ich einen kurzen gegensätzlichen Ausdruck gebrauchen darf — eine soziologische Betrachtungsweise, die nicht bloß die Normen des positiven Rechts, sondern auch die für die Neugestaltung dieser Normen ins Gewicht fallende thatsächliche Entwicklung des in diesen Normen sich bewegenden staatlichen Lebensganges und die für diesen Lebensgang selbst und die Umgestaltung der ihn beherrschenden Normen maßgebenden Erwägungen der Zweckmäßigkeit berücksichtigt. Meine Betrachtung fällt hiernach, wenn ich sie wissenschaftlich klassifizieren soll, nicht sowohl in das Gebiet des positiven oder speziellen Staats*rechts*, als vielmehr in den Rahmen der speziellen Staats*lehre* und speziellen *Politik*, d. h. jener wissenschaftlichen Arbeit, welche sich die soziologische Betrachtung des Entwicklungslebens bestimmter Staatsgebilde zur Aufgabe stellt.

Thatsächlich sind freilich diese Sonderdisziplinen, deren Berechtigung ich an anderer Stelle nachzuweisen versucht habe (Begriff und Gliederung der Staatswissenschaften. Tübingen

1901. H. Laupp. S. 14 und ff.), noch unentwickelt. So gut angebaut das Gebiet des speziellen Staatsrechts der einzelnen Länder ist, so wenig entwickelt ist die spezielle Staatslehre und die spezielle Politik, deren Aufgabe es ist, nicht bloß die Rechtsnormen des Staatslebens zu erkennen, sondern die Vertiefung in die Einzelheiten des Wesens, Zwecks und der thatsächlichen Lebensbethätigung eines gegebenen Staatswesens zu vermitteln. Richtig ist, daß für die allgemein soziologische Betrachtung nicht die Einschränkung auf ein einzelnes Staatswesen in erster Linie steht, sondern die vergleichende Betrachtung des staatlichen Lebens der Staatengebilde überhaupt — sehr im Gegensatz zur juristischen Betrachtung, deren Schwergewicht in der Klarlegung der speziellen Rechtsnormen liegt. Darum sind die Soziologen, namentlich die sich ausdrücklich als solche bezeichnen, im Gegensatz zu den Juristen keine Spezialisten, sondern Freunde allgemeinster, zuweilen etwas verschwommener Errungenschaften vergleichender Beobachtung.

Es gibt aber auch eine auf das konkrete Einzelgebilde gerichtete soziologische Betrachtung; nur ist sie als wissenschaftliche Disziplin thatsächlich nicht verselbständigt; auch steht sie wegen des unmittelbaren Zusammenhangs mit genauer Erfassung des positiven Details des gesamten Staatslebens in so unmittelbarer Beziehung auch zu den positiven Normen des öffentlichen Rechts, daß man wohl nicht Unrecht thut, wenn man sie als eine Nachbarzone der staatsrechtlichen Betrachtung im engeren Sinne zu deren weiteren Interessensphäre gehörig ansieht. Da weiter eine Bezeichnung dieser Betrachtungsweise als „staatslehrliche" wenigstens unserem heutigen Sprachgefühl widerspricht, und auch die andere Etikette „politische" Betrachtungsweise, wegen der Verschwommenheit der Vorstellungen, die sich mit dieser Qualifikation verbinden, unbrauchbar ist, wird es vielleicht Entschuldigung finden, wenn ich die von mir beabsichtigte Behandlung der Frage der Reichsfinanzreform als „insbesondere vom staatsrechtlichen Gesichtspunkt" ausgehend bezeichne.

* * *

Bei der Reichsfinanzreform kommen zwei Grundfragen zur Erwägung. Ist der Haushalt des Reichs nach Maßgabe seiner thatsächlichen Entwicklung und der heutigen Gestaltung der Einkommensquellen des Reichs so beschaffen, daß dem Reich das zur Erfüllung seiner Zwecke erforderliche Einkommen in genügender Weise gewährleistet ist, oder ergibt sich eine Unzureichendheit des Reichseinkommens gegenüber den Ausgabeverpflichtungen des Reichs? Dies ist die quantitative Seite der Reichsfinanzreformfrage.

Einen anderen Inhalt bietet das dar, was ich als die qualitative Seite der Reichsfinanzreform bezeichnen möchte. In besonders ausgesprochener Weise kommt diese Seite zur Geltung, wenn es sich darum handelt, entsprechend dem Maß der festgestellten Unzureichendheit des Reichseinkommens die neu zu schaffenden oder in ihrem Ertrag zu verstärkenden Quellen des Reichseinkommens zu bestimmen. Wie soll die Kräftigung der Reichsfinanzen, sofern eine solche nach Maßgabe des Befundes von Ausgaben und Einnahmen des Reichshaushalts geboten ist, durchgeführt werden? Diese Frage eröffnet ein großes Gebiet weiterer Unterfragen für die thatsächliche Ausgestaltung des Wie? der Reichsfinanzreform, während die zuerst erwähnte Untersuchung über Zureichendheit oder Unzureichendheit der Einkommensgestaltung des Reichs die Grundlagen für die Entscheidung des Ob? der Reichsfinanzreform, wenigstens in erster Linie, liefert.

Außerdem aber kommt noch in Betracht, daß selbst für den Fall der Verneinung des Bedürfnisses einer Kräftigung der Reichsfinanzen, die Fragen der Einzelgestaltung der Reichseinnahmen, insbesondere in Hinsicht der Wechselbeziehungen zu den Einnahmen der Bundesstaaten noch Bedeutung behalten. Es ist also denkbar, daß auch ohne grundsätzliche Erstrebung einer Kräftigung der Reichsfinanzen Fragen der Einnahmegestaltung von Reich und Staaten, insbesondere in der Richtung schiedlicher und friedlicher Teilung des Gebietes der Reichsfinanzgewalt und der Staatsfinanzgewalt ihre Bedeutung behalten.

Die Probleme, welche die qualitative Seite der Reichsfinanzreform darbietet, sind hienach in gewissem Sinne unabhängig von der Anerkennung des Vorhandenseins eines qualitativen Bedürfnisses der Kräftigung der Reichsfinanzen. Richtig aber ist allerdings, daß nach feststehender politischer Erfahrung das vorgängige Bedürfnis einer Änderung des Maßes finanzieller Kräftigung, insbesondere das gewöhnlich eintretende Bedürfnis einer Steuervermehrung und das seltener sich darbietende Bedürfnis einer Steuerminderung die entscheidende Anregung zur Änderung auch der Beschaffenheit des staatlichen Zwangserwerbs durch Steuererhebung geben.

Bloß sachliche Verbesserungen des Steuerwesens als Selbstzweck, ohne den Hintergedanken einer Mehrung oder Minderung des Steueraufkommens kommen auch vor; zumeist aber pflegt in solchen Fällen eine gleichwohl sich ergebende thatsächliche Kräftigung der Finanzen keineswegs unerwünscht zu sein. Das eigentliche Gebiet einer in die Einzelgestaltung des Steuerwesens eingreifenden Finanzreform aber eröffnet sich mit innerer Notwendigkeit dann, wenn ausgiebige Mehrungen oder ausgiebige Minderungen des Steueraufkommens im ganzen in Frage kommen, und es sich darum handelt, unter den dabei in Betracht kommenden Steuerarten die Wahl zu treffen.

Nach Lage unsrer deutschen Verhältnisse scheidet zur Zeit die Frage einer ausgiebigen Gesamtminderung des Steueraufkommens aus. Die qualitative Seite der Reichsfinanzreform ist deshalb dahin zu kennzeichnen, daß es sich darum handelt, für den durch das bisherige Reichseinkommen ungenügend gedeckten Reichsbedarf die richtige Auswahl unter den zur Verfügung stehenden Arten des von Reichswegen zu verwirklichenden Zwangseinkommens zu treffen.

Es liegt auf der Hand, daß die Fragen der zweiten Art, also jene, welche die qualitative Seite der Reichsfinanzreform behandeln, am meisten in Beziehung zu staatsrechtlichen Normen stehen; denn die Abgrenzung des Gebietes der Reichsfinanzgewalt und der Staatsfinanzgewalt, die dabei vorzugsweise zur Erörterung kommt, ist de lege lata durchaus staatsrechtlicher Natur, de lege ferenda ein Hauptproblem der deutschen Staatslehre und deutschen Politik. Mit diesen Fragen werde ich mich deshalb hauptsächlich zu beschäftigen haben.

Ich darf aber auch die quantitative Seite der Reichsfinanzreform nicht ganz unberücksichtigt lassen. Einerseits erwächst erst aus der Unzureichendheit des bisherigen Reichseinkommens das Bedürfnis einer Änderung auch der Art dieses Einkommens, anderseits aber ist auch die Frage der Zureichendheit oder Unzureichendheit des Reichseinkommens an sich, wenn sie auch in erster Linie nicht rechtlicher, sondern wirtschaftlicher Natur ist, doch auch einer Prüfung vom Standpunkt dessen, was grundlegende staatliche Normen erstreben, durchaus bedürftig. Bei solcher Prüfung kommt nicht bloß der Wortlaut, sondern auch der Sinn jener Normen in Frage. Zutreffend hat solche Prüfung in der Thronrede vom 16. November 1893 Ausdruck gefunden, in welcher — wie ich alsbald noch näher darzulegen haben werde — zum ersten Male autoritativ hervorgehoben wird, daß *die Finanzverwaltung des Reichs eine endgültige Ordnung im Sinne der Reichsverfassung noch nicht gefunden habe.*

* * *

Die Unzulänglichkeit des Einkommens eines jeden Wirtschafters, sei er ein Privatmann oder sei es ein Gemeinwesen, gelangt als Dauererscheinung zum Ausdruck als *Verschuldung*. Diesen Erfahrungsbeweis der Unzulänglichkeit hat das junge Deutsche Reich von dem Augenblick an zu erbringen nicht aufgehört, als die in der ersten Zeit zur Verfügung stehenden außerordentlichen Mittel der französischen Kriegskostenentschädigung erschöpft waren. In schwankenden Beträgen, zuweilen in starkem, zuweilen in geringem Maße ist seither in jedem Haushaltungsjahr der Kredit zur Bilanzierung des Etats in Anspruch genommen worden.

Über das Maß der Borgwirtschaft im Reich gewinnt man den zuverlässigsten kurzen Einblick, wenn man berechnet, wie viel vom Eigenbedarf des Reiches, d. i. von der Bedarfssumme nach Abzug der Überweisungen an die Einzelstaaten jeweils durch Anleihe aufgebracht ist. Im Rechnungsjahr 1876 — wenn wir für 1876/1877 die jetzt maßgebende kürzere Bezeichnung des Rechnungsjahres anwenden — hebt die Borghilfe mit dem mäßigen Betrag von 2.4 Proz. des Eigenbedarfes des Reichs an; im Jahr 1879 erreicht sie bereits 14.1 Proz.; im Jahr 1883 ist sie auf 4.9 Proz. gesunken; nun steigt sie zuerst langsam in den nächsten Jahren auf 8.5 Proz. (1886), um sodann in jähem Anstieg im Rechnungsergebnis für das Etatsjahr 1887 mit einem vollen Drittel (33.3 Proz.) des Eigenbedarfs des Reichs vertreten zu sein. Das folgende Jahr 1888 weist 22.5 Proz., das Jahr 1889 31.8 Proz. auf und nach dem Rückgang auf 18.1 Proz. im Jahre 1890 finden wir die Kulmination der Borgwirtschaft des Reichs im Jahre 1891 mit 35.9 Proz. Anleihedeckung seines Eigenbedarfs. Dem raschen Absturz auf 6.4 Proz. im folgenden Jahre folgt wiederum ein Anstieg bis zu 16.4 Proz. und 15.3 Proz. in den Jahren 1893 und 1894. Dann folgen vier Jahre mit einer nach Maßgabe der Rechnungsergebnisse unter 5 Proz. bleibenden Anleihedeckung, darunter das beste Jahr, das der deutsche Reichshaushalt seit 1876 erlebt hat, das Jahr 1896 mit nur 1.8 Proz. Anleihedeckung. Das Jahr 1899 bringt wieder den Anstieg auf 6.3, woran sich die Jahre 1900 und 1901 — und zwar nicht nach dem Rechnungsergebnis, sondern nach dem Voranschlag — mit 18.0, bezw. 15.2 Proz. Anleihedeckung anschließen, während solche in dem soeben vom Reichstag nach ausgiebigen, zum Teil mehr als Ausgabeverschiebung, denn als Ersparung sich darstellenden Abstrichen und nach Erhöhung der Matrikularbeiträge über den Betrag der Überweisungen an die Einzelstaaten auf 8.4 Proz. herabgedrückt ist.

Wir haben also eine viermalige Flutwelle der Reichsverschuldung vor uns; die Kulminationen dieser Flutwellen treffen auf 1879, 1891, 1893 und 1900. Am stärksten war die Springflut von 1891, die übrigen Anschwellungen sind in ihren prozentualen Maximalbeträgen nicht weit von einander verschieden. Doch ist zu bedenken, daß angesichts des bedeutenden Steigens des Gesamtbedarfs der gleiche Prozentsatz Anleihedeckung heute eine sehr viel ausgiebigere Schuldenmehrung darstellt; hat sich doch von 1876 auf 1902 der Eigenbedarf des Reichs in dem oben bezeichneten Sinn von 679 Millionen Mark auf 1747 Millionen Mark gehoben, also weit mehr als verdoppelt.

Diese Dauerbenützung der Anleihedeckung hat zur Folge gehabt, daß das bei seiner Begründung nicht bloß schuldenfreie, sondern mit reichlichem Aktivvermögen ausgestattete Reich im Begriff ist, einem Schuldenstand von 3 Milliarden sich zu nähern. Nach der dem Reichstag am 26. November 1901 vorgelegten „Denkschrift über die Ausführung der seit dem Jahre 1875 erlassenen Anleihegesetze“ bezifferten sich damals die Anleihekredite bereits auf 2633 Millionen Mark, von welchen bis Ende September 1901 2523 Millionen realisiert waren, und zwar im Nennbetrage von 2696 Millionen Mark.

Zur Würdigung der wirtschaftlichen Bedeutung der Reichsschuld ist dabei zu beachten, daß von den bis Ende des Rechnungsjahres 1900 bewilligten Anleihekrediten (nach Abzug der eingetretenen Ermäßigungen, darunter 143 Millionen Verminderung durch Verwendung überschüssiger Reichseinnahmen zur Schuldentilgung oder richtiger zur Verminderung des Betrags der Schuldaufnahme) im Gesamtbetrage von 2430 Millionen Mark auf die Eisenbahnverwaltung nur 153 Millionen Mark, auf den Nordostseekanal 106 Millionen Mark, auf die Post- und Telegraphenverwaltung 77 Millionen Mark, auf den Zollanschluß von Bremen und Hamburg 52 Millionen Mark treffen. Die Schuldbeträge, mit deren Aufwendung Rente abwerfende Anlagen hergestellt wurden, sind hiernach beim Reichshaushalt im vollsten Gegensatz zur Gestaltung der Dinge im Haushalt der Einzelstaaten unbedeutend. Der Löwenanteil der Schuldaufnahme im Reich fällt und muß nach der Ausgestaltung der Reichsaufgaben fallen, einschließlich der Expedition nach Ostasien, auf Heer und Marine, mit mehr als 2 Milliarden (2158 Millionen Mark).

Diese Beträge sind keineswegs, wie eine früher vielfach gebrauchte falsche Ausdrucksweise besagen wollte, unproduktiv verwendet, denn die Sicherstellung der nationalen Unabhängigkeit und des äußeren Friedens ist eines der wichtigsten Güter, die durch die Wirtschaft des Reichs dem deutschen Volk beschafft werden — aber das darf man nicht vergessen, Anlaß zu einer eigenen Renteneinnahme des Reichs, die ein Gegengewicht gegen dessen Verpflichtung zur Schuldzinszahlung bilden würde, geben sie nicht. Die Schulden des Reichs sind deshalb finanziell besonders drückende Schulden.

Wie hat sich nun die Reichspolitik, wie haben sich insbesondere die verbündeten Regierungen, wie hat sich der Reichstag zu diesem Verschuldungsprozeß des Reichs verhalten?

Als ich im Frühherbst 1893 meine Schrift „Zur Reichsfinanzreform" (Stuttgart 1893, J. G. Cotta Nachf.) schrieb, konnte ich nur feststellen, eine eingehende Prüfung der Etatsverhandlungen im Reichstage lasse nicht ersehen, daß irgendwie, sei es auf Seite der Leitung der Reichsfinanzen, sei es auf Seite des Reichstags ernstliche Neigung zu einer nach Lage der Reichsfinanzen gebotenen durchgreifenden Reform vorhanden sei. Daß diese Reform eine ausgiebige Kräftigung der Reichsfinanzen zur Voraussetzung habe, darzuthun, war der eine Zweck jener Schrift, der andere war, eine Überschau der geeigneten Einnahmemehrungen des Reiches zu geben. Ich habe damals eine Kräftigung der Reichsfinanzen um 200 Mill. Mark befürwortet, und zwar 100 Millionen Mark zum Zweck der dauernden Schließung des Schuldbuchs des Reichs für nicht rentierende Anlagen jeglicher Art, 20 Millionen Mark für effektive Schuldentilgung, 20 Millionen festen Überweisungszuschuß von seiten des Reiches an die Einzelstaaten, 60 Millionen Mark für die damals in Frage stehenden Kosten der Heeresverstärkung und weitere Steigerung der Reichsausgaben in nächster Zeit.

Fast zu derselben Zeit trat an Stelle der Ablehnung einer gründlichen Reichsfinanzreformpolitik, die bis dahin auf Seite der Reichsleitung obgewaltet hatte, ein bedeutungsvoller Umschwung mit der in der bereits erwähnten Thronrede vom 16. November 1893 erfolgten Aufnahme eines Programms der Reichsfinanzreform. Der Gedanke an die Schließung des Schuldbuchs trat allerdings nicht in den Vordergrund; das entscheidende Gewicht war vielmehr darauf gelegt, den Einzelstaaten einen festen Betrag von Mehrüberweisungen über die Matrikularbeiträge von 40 Millionen Mark zu sichern. Immerhin aber war eine, meines Erachtens für die gleichzeitige Beseitigung der Borgwirtschaft und ernstliche Schuldentilgung zwar nicht ausreichende, aber doch ergiebige Kräftigung der Reichsfinanzen um den Betrag von 100 Millionen Mark in Aussicht genommen. Die Verkehrsbesteuerung des Reichs durch die Reichsstempelabgaben sollte erheblich ausgebaut, die Tabakfabrikatsteuer, und zwar als eine nach dem Wert abgestufte Fakturensteuer, sollte eingeführt werden, außerdem eine Reichs-Weinsteuer.

Der Reichstag aber ging auf die Grundidee dieser durchgreifenden Reichsfinanzreform nicht ein. Wenn deshalb heute aus den Kreisen des Reichstags dem Bundesrat vorgeworfen wird, ihn treffe die Hauptschuld an der unbefriedigenden Gestaltung des heutigen Reichshaushalts, so ist dieser Vorwurf unbegründet. Es unterliegt keinem Zweifel, daß die damalige Einführung der Tabakfabrikatsteuer — wenn auch nicht gerade in der Form der Fakturensteuer — die Reichsfinanzen dauernd außerordentlich gekräftigt haben würde. Gerade diese wichtigste Art der Steuerkräftigung des Reichs ließ der Reichstag gleich der Weinbesteuerung beiseite liegen und bewilligte nur, gewissermaßen um der ärgsten Not des Augenblicks zu begegnen, eine Erhöhung der Reichsstempelabgaben unter Beschränkung auf die sog. Börsensteuer und Lotterielose und unter Ablehnung insbesondere des Quittungsstempels.

Im Januar 1895 versuchten es die verbündeten Regierungen mit einem reduzierten Finanzprogramm; an Stelle der Mehrüberweisungen an die Einzelstaaten sollte nur der Gleichstand von Matrikularbeiträgen und Überweisungen treten; zur Beschaffung der erforderlichen Mittel sollte nur mehr die Einführung der Tabakfabrikatsteuer dienen. Dieses abgeminderte Programm hatte gar keinen Erfolg beim Reichstag. Der große wirtschaftliche Aufschwung in der zweiten Hälfte des vorigen Jahrzehnts im Zusammenhang mit dem damaligen im allgemeinen niedrigen Stand der Extraordinarien des Etats ließ die Finanzsorgen des Reichstags erkalten. Hatte man sich ja doch in langjähriger Übung an die Anleihedeckung gewöhnt und betrachtete man sie gewissermaßen als selbstverständlich, sofern nur kein gar zu großer Bruchteil des Bedarfs darauf abgeladen wurde.

Als aber dann die reichen Steuereingänge die Überweisungen an die Einzelstaaten anschwellen ließen und dabei also das Reich wie ein überguter Vater des Sohnes reichen Wechsel zum Teil aus erborgten Mitteln bestritt, da stellten sich doch gegenüber der Fortdauer der Borgwirtschaft des Reichs finanzielle Gewissensbisse ein, deren Folge die sog. Leges Lieber waren, gemäß denen von Jahr zu Jahr ab 1896 den Einzelstaaten ein erheblicher Teil der Mehrüberweisungen, auf die sie Anspruch hatten, entzogen und dem Reich „zur Verminderung der Reichsschuld“ belassen wurde. Besser als nichts war selbstverständlich ein solches Verfahren; nur ist es ein kleines Mittel, bei dessen Anwendung die Grundvoraussetzung vorgängiger Mehrüberweisungen gegeben sein muß. Fehlt diese, wie solches nach der heutigen veränderten Finanzlage des Reichs der Fall ist, dann ist das Mittel unanwendbar, die Borgwirtschaft geht ruhig weiter und daneben besteht die volle Unsicherheit der Einzelstaaten in Bezug auf die etwaigen Mehransprüche, die das Reich, das sie eine Zeitlang mit reichen, schwankenden Dotationen versehen hatte, etwa wieder an sie macht, und in der That nach dem Voranschlag für 1902 wirklich wieder zu machen im Begriffe ist.

Die Leges Lieber sind eine dankenswerte Bremse gegenüber der übermäßigen Zuwendung des nach wie vor Schulden, wenn auch in geringem Umfange aufnehmenden

Reichs in den fetten Jahren der zweiten Hälfte des vorigen Jahrzehnts gewesen. Heute ist der Boden für das erfolgreiche Eingreifen eines solchen kleinen Auskunftsmittels nicht mehr da. Auch prinzipiell müßte zu erwägen sein, ob es zu den zutreffenden Aufgaben des Parlaments gehört, alljährlich eine mehr den Charakter einer finanziellen Augenblicksmaßnahme als einer gesetzlichen Rechtsnorm tragende Entscheidung darüber zu treffen, welcher Bruchteil einer thatsächlich zur Vereinnahmung gelangten Reichseinnahme nunmehr auch dem Reiche zu belassen und welcher an die Einzelstaaten weiter zu leiten sei.

Ist hiernach die Zeit der Leges Lieber vorüber, so tritt nunmehr der Gedanke der organischen Finanzreform vollberechtigt neu in den Vordergrund, und zwar soweit dies hier bei der Erörterung der quantitativen Seite der Reichsfinanzreform in Frage steht, als Programm einer entsprechenden Kräftigung der Reichsfinanzen.

Die Erörterung dieser quantitativen Seite der Reichsfinanzreform bedingt vor Allem eine Stellungnahme zur Frage des erforderlichen in einem bestimmten Betrag ausgedrückten Maßes der Kräftigung der Reichsfinanzen. Hierüber sei in Kürze Folgendes bemerkt. In meiner Schrift „Zur Reichsfinanzreform“ war ich im Jahre 1893 vor allem von folgender statistischer Erwägung ausgegangen. Die Anleihedeckung hat von 1884/85 bis 1893/94 im Jahresdurchschnitt 154 Mill. M. betragen; zuzugeben sei, daß es sich dabei um eine Zeit handelte, in der besonders hohe Extraordinarien für das Heer sich ergaben; es seien also als Dauerbedarf der Finanzkräftigung zur Vermeidung weiterer Schuldaufnahme 100 Mill. M. einzusetzen.

Wie liegt nun heute bei ähnlicher statistischer Betrachtung die Sache? Von 1894 bis 1902 betragen die jährlichen Anleihebeträge im Durchschnitt fast genau 100 Mill. M. Dieser statistische Durchschnitt, der aus einer Reihe von Jahren mit ungewöhnlichem Niederstand der Extraordinarien und bei einer Konjunktur gewonnen ist, welche die schuldenmindernde Wirkung der **leges** Lieber möglich machte, darf meines Erachtens im Gegensatz zu dem Verfahren, das ich im Jahre 1893 einschlug, jedenfalls nicht viel gekürzt werden, selbst wenn man das wirklich Außerordentliche des Aufwandes für die ostasiatische Expedition anerkennt, falls die Kräftigung der Reichsfinanzreform zur Schließung des Schuldbuchs des Reichs für nicht rentierende Anlagen in Friedenszeit führen soll. Setzen wir gleichwohl nur 80 Mill. und dazu auch jetzt noch bloß 20 Mill. für effektive Schuldentilgung, so bleiben mindestens 100 Millionen neue Reichseinnahmen, die eine Finanzreform vom quantitativen Gesichtspunkt erheischt, selbst dann, wenn eine Dotation der Einzelstaaten aus Reichsmitteln nicht erstrebt wird, eine Frage, die ich nur kurz im folgenden bei Erörterung der qualitativen Seite der Reichsfinanzreform andeuten kann.

An dieser Stelle aber ist nunmehr bei einem Ausblick auf den Sinn der Bestimmung in Art. 73 der Reichsverfassung noch die Grundfrage aufzuwerfen: Entspricht die seit 1876 in guten und schlechten Jahren beim Niedergang und beim Aufschwung der wirtschaftlichen Verhältnisse in allen Jahren ausnahmslos gehandhabte Übung, größere oder kleinere Beträge zur Bilanzierung des Reichsetats zu borgen, dem Sinn der Verfassungsbestimmung, die da lautet: „In Fällen eines außerordentlichen Bedürfnisses kann im

Wege der Reichsgesetzgebung die Aufnahme einer Anleihe, sowie die Übernahme einer Garantie zu Lasten des Reichs erfolgen?“ Was hier im äußersten Falle als Ausweg für den Fall eines — offenbar als wirkliche Ausnahme gedachten — außerordentlichen Bedürfnisses bestimmt ist, hat sich thatsächlich als der regelmäßige ordentliche Weg ausgebildet für eine Reihe von besonderen, aber in dem Sinne keineswegs außerordentlichen Aufwendungen, als Aufwendungen solcher Art, wenn auch nicht in konkret gleich bleibender, so doch in ähnlicher Ausgestaltung von einer sorgsamen Verwaltung nicht bloß als für einmal eintretend, sondern als wahrscheinlich, wenn auch in verschiedener Richtung und in verschiedenem Maße weiterhin sich ergebend, schon auf Grund der statistischen Erfahrung der Vergangenheit vorausgesehen werden müssen.

Meine Überzeugung geht hiernach dahin, daß die thatsächliche Ausgestaltung des Schuldenwesens im Deutschen Reich mit dem Geiste der Reichsverfassung nicht in genügender Übereinstimmung sich befindet.

* * *

Die qualitative Seite der Reichsfinanzreform umfaßt die Entscheidung darüber, auf welchem Wege die Kräftigung der Reichsfinanzen herbeizuführen ist; weiterhin umschließt sie im Zusammenhang mit den Erwägungen über die Beziehungen zwischen Reichs- und Staatsfinanzgewalt die Unterfrage, inwieweit auch unabhängig von der Grundfrage der Kräftigung der Reichsfinanzen das jetzige Verhältnis von Ansprüchen und Verpflichtungen des Reichs einerseits, der Einzelstaaten anderseits befriedigender, als es zur Zeit ist, gestaltet werden kann. Diese beiden Fragen sind miteinander innig verbunden, sobald man zunächst die Vorfrage stellt, ob die Kräftigung der Reichsfinanzen Sache der Einzelstaaten oder der Reichsgemeinschaft ist.

In den finanziellen Beziehungen von Reich und Staaten sind drei Kombinationen möglich, die in der bisherigen geschichtlichen Entwicklung des Reichsfinanzwesens alle schon thatsächlich in die Erscheinung getreten sind. Bis zur Einführung der Franckensteinschen Klausel hatte es bei dem Notbehelf der Verfassung sein Bewenden, daß der aus eigenen Reichseinnahmen nicht gedeckte Reichsbedarf, soferne er nicht der Anleihedeckung überwiesen wurde, mittels Matrikularbeitragserhebung zu Lasten der Einzelstaaten verblieb. Das Reich war Kostgänger der Einzelstaaten, von denen es gewissermaßen Alimentationsbeiträge erhielt. Die Franckensteinsche Klausel und deren weitere Anwendung auf andere Reichssteuererträge bewirkte im Zusammenhang mit der weiteren Ausbildung und der Ergiebigkeit der davon berührten Verbrauchs- und Verkehrsbesteuerung für eine Reihe von Jahren die thatsächliche Verwandlung dieses Systems der Zuschußleistungen der Staaten an das Reich in das Gegenteil, nämlich in das System der Dotation der Einzelstaaten durch das Reich.

Zu Ende der 80er und Anfang der 90er Jahre erreichte diese Gestaltung der Finanzbeziehung von Reich und Staaten ihre höchste Entwicklung; im Jahre 1889/90 waren die Überweisungen gegenüber den Matrikularbeiträgen um rund 140 Mill. M. höher. Dabei dürfen die Überweisungen nur mit den alle Staaten gleichmäßig treffenden eigentlichen Matrikularbeiträgen verglichen werden, also nach Abzug der jetzt Ausgleichsbeträge genannten Einnahmen, welche von verschiedenen Staaten zum Ausgleich für die nicht allen Bundesstaaten gemeinsame Einnahme, insbesondere wegen Nichtbeteiligung an der Brausteuergemeinschaft gezahlt werden. Auf die Notwendigkeit, diese Ausgleichsbeträge im Etat von den wirklichen Matrikularbeiträgen zu trennen, habe ich in einem in meiner Schrift „Zur Reichsfinanzreform" aufgenommenen Aufsatz („Zur formalen Gestaltung des Reichshaushalts") hingewiesen. Seit einigen Jahren ist nunmehr diese Verbesserung im Etat durchgeführt; in der Literatur findet sich aber noch vielfach eine unzutreffende Wiedergabe der betreffenden Zahlen.

Das thatsächlich so Gewordene öffentlich-rechtlich, wenn auch zunächst nur für eine gewisse Zeit, festzulegen, bezweckte der Gesetzentwurf von 1893. Jener von 1895 wollte nur die dritte noch mögliche Kombination — Gleichstand der beiderseitigen Leistungen von Reich und Staaten — festlegen. Thatsächlich ist beispielsweise im Voranschlag für 1901 diese Kombination versucht; die Rechnungsergebnisse können aber mit dem Voranschlag niemals vollkommen übereinstimmen. Nachdem für 1893 und 1894 die Reichsdotation verschwunden und in den nächsten vier Jahren nur mehr in mäßigem Betrag wieder aufgetreten war, hat sie in der neuesten Zeit zu Gunsten des ursprünglichen Systems der Mehrleistungen der Staaten an das Reich den Platz räumen müssen[1]).

Daß die Netto-Matrikularbeiträge eine durchaus ungeeignete Form der Deckung des Reichsbedarfs sind, darüber sind weitere Worte nicht zu verlieren. Sie wirken in gewissem

---

[1]) Nach dem Etat für 1902 sind vorgesehen 580.6 Millionen Matrikularbeiträge und 556.2 Millionen Überweisungen.

Sinne kopfsteuerartig, indem sie eine durchschnittlich gleiche Steuerleistungsfähigkeit der Angehörigen aller einzelnen deutschen Staaten fingieren. Die auch neuerlich wieder z. B. im preußischen Abgeordnetenhause am 17. Januar von dem Abg. v. Eynern angeregte Änderung des Umlagemodus der Matrikularbeiträge, welche dieses kopfsteuerartige Moment beseitigen soll, begegnet meines Erachtens unüberwindlichen Schwierigkeiten. Von dem Gedanken, die Reichsfinanzen durch die Finanzaktion der Einzelstaaten zu kräftigen, wird man hiernach aus finanz- und steuertechnischen, wie aus politischen Gründen endgültig absehen müssen.

Die Aufrechterhaltung eines Gleichstands von Matrikularbeiträgen und Überweisungen im Sinne des Finanzprogramms von 1895 kann nur aus allgemeinen politischen Erwägungen gerechtfertigt werden. Im politischen Leben gibt es Imponderabilien, mit denen man rechnen muß. Die „Bewilligung" der Matrikularbeiträge, auch wenn solche thatsächlich nur eine kalkulatorische Notwendigkeit ist, wird sich die Majorität des Reichstags nicht entziehen lassen wollen. Das nächstliegende Mittel der reinlichen Scheidung der Reichs- und Landesfinanzen mittels Aufhebung der Matrikularbeiträge ist meines Erachtens politisch nicht anwendbar.

Auf einem anderen Gebiete parlamentarischer Politik liegt der in der Neuzeit mehrfach geäußerte Gedanke, es müsse das Damoklesschwert von Netto-Matrikularbeiträgen über den Einzelregierungen deshalb schweben, damit sie im Bundesrat mehr Energie im Streichen, als solche anscheinend die Parlamentarier selbst sich zutrauen, entwickeln möchten. Dabei ist nur übersehen, daß zweifellos gerade dieses Damoklesschwert, das nun schon seit Jahrzehnten über den Etatsverhandlungen schwebt, wahrscheinlich recht viel dazu beigetragen hat, daß der Anleihepostten so erheblich angeschwollen ist; denn gerade die Verweisung auf die Anleihe ist das nächst wirksame Mittel, den Betrag der Matrikularbeiträge in der Gegenwart, allerdings auf Kosten ihrer Erhöhung in der Zukunft, herabzudrücken. Eine derartig politisch-pädagogische Einschätzung der Möglichkeit der Matrikularbeitragserhöhung erscheint mir verfehlt. Jedenfalls ist die Störung der einzelstaatlichen Haushalte, die aus der Unsicherheit der Pflichtleistungen an das Reich sich ergibt, sehr viel schwerer einzuschätzen. Will man aber durchaus das Damoklesschwert beibehalten, so ist doch die Gefahr, die es für den Einzelhaushalt bringt, irgendwie zu begrenzen. Man könnte daran denken, etwa einen 10prozentigen Überschuß der Matrikularbeiträge über die Überweisungen, dann aber umgekehrt einen gleichen Überschuß auch der letzteren ins Auge zu fassen.

Eine weitere Frage ist, ob nicht überhaupt das System der Reichsdotationen weiter ausgebaut werden könnte. Es ist das eine große Frage für sich, die ich hier nur kurz andeuten kann. Es war der ursprüngliche Gedanke der Bismarckschen Finanzpolitik, daß das Reich, da es den Schlüssel zu den wichtigsten indirekten Steuern besitzt, von deren Ertrag nicht nur die eigenen Bedürfnisse bestreiten, sondern davon auch den Einzelstaaten noch etwas ablassen solle. Bei der bedauerlichen Scheu, die sich heute in weiten Kreisen, gegenüber auch der bestberechtigten Verbrauchsbesteuerung entwickelt hat, wird der Gedanke einer ausgiebigen Dotation der Staaten aus dem Ertrage einer gut ausgebauten Verbrauchsbesteuerung im Reiche kaum die Sympathie weiter Kreise finden. Es wird deshalb für die praktische Politik zunächst wohl bei dem Reichsfinanzreformprogramm von 1895 bleiben, daß weder das Reich von den Staaten Opfer, noch diese vom Reiche Dotationen verlangen. Damit stimmt auch die Äußerung des bayerischen Finanzministers Frhrn. v. Riedel in seiner Budgetrede vom 28. September 1901, in welcher bemerkt ist, daß man mit einem Überschuß der Matrikularbeiträge rechnen müsse, „so lange das Gleichgewicht zwischen Matrikularbeiträgen und Überweisungen nicht reichsgesetzlich festgelegt sei“.

Ein Ideal der Dotationspolitik möchte ich gleichwohl, so wenig es auch für die Augenblickspolitik praktische Bedeutung hat, wenigstens flüchtig anzudeuten nicht unterlassen. Ich würde es als eine gesunde Entwicklung der deutschen Steuerpolitik ansehen, wenn eine günstige Gestaltung der Zollerträgnisse, der Verkehrs- und der Verbrauchsbesteuerung im Reiche, die Mittel bieten würde, allenthalben in den Einzelstaaten, insbesondere auch in Bayern, die direkte Staatsbesteuerung auf eine allgemeine Einkommensteuer mit reichlicher Bemessung eines steuerfreien Existenzminimums und eine allgemeine Vermögenssteuer zu beschränken. Als Ideal der Entwicklung wäre es zu bezeichnen, wenn die Staatsgewalt insbesondere das Einkommen aus der Arbeit bis zu derselben Grenze, für die sie besondere soziale Fürsorge, namentlich durch die Arbeiterversicherung, entwickelt, also etwa bis zu 2000, vielleicht sogar bis zu 3000 M. von direkter Steuer freilassen würde. Selbstverständlich müßte zugleich dafür gesorgt werden, daß die hiernach nicht mehr zu den Zahlern direkter Steuern gehörigen Personenkreise im Maß ihrer politischen Rechte nicht beeinträchtigt würden.

Je mehr die Einkommens- und Vermögensbesteuerung auf die wirklich in höherem Maß Leistungsfähigen sich beschränkt, um so gerechtfertigter wird sich dieselbe darstellen. In der Präsentation der Steuerquittung mit der angedrohten Exekution im Hintergrund steckt gegenüber dem kaum Leistungsfähigen eine große Härte. Auch wird man bei näherer Untersuchung finden, daß das Maß von Zeit- und Geldaufwand, von Beunruhigung und von bestehender Defraudationsgefahr gerade bei den Steuereinzügen derjenigen, die nur wenige Mark an Steuer leisten, im Mißverhältnis zur wirklichen Steuereinnahme steht, und daß gerade bei diesen Schichten mit Notwendigkeit große Ungleichheiten in der wirklichen Heranziehung der Steuerpflichtigen bestehen, Schattenseiten der direkten Besteuerung, die eine genügende Würdigung nicht zu finden pflegen. Es ist jedoch nicht meine Absicht, diese Idee der ausgiebigen Reichsdotation der Staaten, gegen welche von anderen Gesichtspunkten auch recht erhebliche Einwände gemacht werden können, zu verfolgen. Ich stelle nur fest, daß die Kräftigung der Finanzen, welche das Reich braucht, durch Überwälzung dieser Aufgabe auf die Finanzgewalt der Einzelstaaten nicht gelöst werden kann, daß man vielmehr allen Grund hat, zu befürworten, es möge, wenn überhaupt Matrikularbeiträge beibehalten werden, deren Gleichgewicht mit den Überweisungen reichsgesetzlich festgelegt werden.

Damit wären die Matrikularbeiträge materiell beseitigt, was gerade vom staatsrechtlichen Standpunkt angemessen erscheint; denn die Fassung des Art. 70 der Reichsverfassung läßt darüber keinen Zweifel, daß die Matrikularbeiträge als dauernde Finanzeinrichtung des Reichs nicht gedacht sind.

Daß sie thatsächlich zu einem parlamentarisch wertgeschätzten politischen Objekt geworden und in dieser Eigenschaft durch die Franckensteinsche Klausel öffentlich-rechtlich legitimiert worden sind, steht auf einem anderen Blatte. Entgegen der Labandschen Auffassung[1]) bin ich übrigens der Ansicht, daß das Reich in keiner Weise behindert ist, außer den Ausgaben für Eigenzwecke auch solche für Fremdzwecke, wie sie gerade bei Staatenverbindungen durchaus natürlich sind, also insbesondere Dotationen an die Einzelstaaten, in seinem Haushalt vorzusehen.

Ob dabei feste Dotationen bestimmt werden, oder ob die Höhe der Dotation von der Gestaltung gewisser Reichseinnahmen abhängig ist, erscheint als unerheblich. Die Dotationen der Einzelstaaten stellen in dem einen wie in dem anderen Falle, ebenso wie die Provinzialdotationen eines Einzelstaates, einen vollwertigen Bestandteil des gesamten Staats-, bezw. Reichsbedarfs, oder in der Ausdrucksweise des Art. 70 der Verfassung der „gemeinschaftlichen Ausgaben" des Reichs dar.

*
* *

Auf die Frage nach dem Wie? der Kräftigung der Reichsfinanzen haben wir die negative Antwort gefunden: Nicht durch Matrikularbeiträge! Wenn die Finanzgewalt der Einzelstaaten nicht in Bewegung gesetzt werden soll, so verbleibt nur die Finanzgewalt des Reichs selbst.

Wie steht es mit dem Spielraum, der dieser verfassungsmäßig eingeräumt ist? Dieser ist infolge der Änderung, die der Verfassungsentwurf für den Norddeutschen Bund bei der

[1]) Eine staatsrechtliche Erörterung zum Entwurf des neuen Zolltarifgesetzes (Deutsche Juristenzeitung Nr. 1 vom 1. Jan. 1902).

parlamentarischen Beratung gefunden hat, der weitestmögliche. Kein Gebiet der Besteuerung ist grundsätzlich der Reichsfinanzgewalt verschlossen. Der Entwurf der norddeutschen Bundesverfassung behandelt die ganze Frage der Bundesfinanzen in derselben knappen und realistischen Weise, wie die Regelung der Grundbestimmungen über die Reichsfinanzen in der Reichsverfassung beibehalten ist. Man dachte nicht daran, ein sorgsam ausgebautes Finanzprogramm zu entwerfen; man nahm, was zur Hand war: die gemeinschaftlichen Einnahmen — wie man es bezeichnete — der Bundesstaaten an Erwerbseinkünften (Post und Telegraph), sodann aus Zöllen und den für die Zwecke des Bundes zu verwendenden indirekten Steuern, und dazu als Reserve aus den Einrichtungen des alten deutschen Bundes die Matrikularbeiträge. Damit sollte der Finanzgewalt des Bundes das Gebiet der direkten Steuern ausdrücklich entrückt werden. Auf Antrag Miquels ist diese Einschränkung gefallen, und statt derselben außer den Zöllen und den gemeinschaftlichen Verbrauchssteuern auch noch die Einführung von „Bundessteuern", als Voraussetzung der Beseitigung der hiernach nur mehr als Provisorium gedachten Matrikularbeiträge, in das Finanzprogramm des einschlägigen Verfassungsartikels aufgenommen.

Daß diese Gegenüberstellung von „Bundessteuern", jetzt „Reichssteuern", einerseits und Zöllen und „gemeinschaftlichen Verbrauchssteuern" anderseits unzutreffend ist, liegt auf der Hand. Gerade die gemeinschaftlichen Verbrauchssteuern sind echte und rechte Reichssteuern. Wenn man sich freilich in die Zeit der Beratung der norddeutschen Bundesverfassung, die übrigens ohne Motive dem Reichstag vorgelegt worden war, zurückversetzt, so begreift man, daß man die damals im überwiegenden Gebiet des neubegründeten Bundes bestehenden Verbrauchssteuern, die der Gemeinschaft nutzbar gemacht werden sollten, und insbesondere die Zölle nicht auf gleiche Stufe mit neu zu schaffenden Bundessteuern stellte. War doch gerade für die Zölle die maßgebende staatliche Organisation durchaus nicht identisch mit der Bundesorganisation; es stand ja damals der Zollverein mit den süddeutschen Staaten noch auf Kündigung. Es waren also diese Zoll- und Verbrauchssteuer-Einnahmen in gewissem Sinne etwas Eigenartiges und konnte man es darum gerechtfertigt finden, die Steuergesetzgebungsbefugnis des Bundes auch noch an sich und zwar in allgemeinster Form zum Ausdruck zu bringen.

Daß damit auch das Gebiet der direkten Besteuerung ins Auge gefaßt wurde, ist nach der damaligen Situation wohl erklärlich. Indirekte Steuern und unter diesen namentlich gewisse Verkehrssteuern können nicht gut nur in einem Teil eines einheitlichen Wirtschaftsgebiets durchgeführt werden; Norddeutschland war aber nicht zusammenfallend mit dem deutschen Wirtschaftsgebiet, das im Zollgebiet einen zutreffenden Ausdruck fand. Dadurch war, wenn es bei dem Norddeutschen Bund auf die Dauer verblieb, die Finanzgewalt gerade auf dem Gebiet wichtiger indirekter Besteuerung gehemmt, zumal ähnliche Erwägungen auch für die wichtigsten Verbrauchssteuern geltend gemacht werden konnten. Man hatte also eine Reihe von Gründen, durch Eröffnung des Gebietes auch der direkten Besteuerung die norddeutsche Finanzgewalt kräftiger zu rüsten; daneben mochte auch ein damals erklärlicher, stärkerer unitarischer Zug für die Erwägung des Parlamentariers maßgebend sein.

Mit der Ersetzung des Norddeutschen Bundes durch das Reich hat sich diese Situation geändert. In dem einheitlichen deutschen Wirtschaftsgebiet kann sich die Finanzgewalt des Reichs in durchaus zureichender Weise auf dem Gebiete der Zölle, der Verkehrssteuern und der Verbrauchssteuern entwickeln; ein Zugriff auf die direkten Steuern ist weder nötig noch zweckmäßig. Auch Bismarck sprach sich im konstituierenden Reichstag des Norddeutschen Bundes — allerdings im Gegensatz zu dem sächsischen Minister Freiherrn v. Friesen — mit Rücksicht auf den unvollkommenen Modus, den die Kontingentierung der Matrikularbeiträge nach der Kopfzahl darstelle, principiell für die „Reichssteuern" aus, ohne jedoch dieselben ihrem Wesen nach genauer zu bezeichnen und ohne auch nur speciell die direkten Steuern zu nennen, wenn auch zweifellos dabei an solche gedacht war.

Wie leicht man sich die ganze Einrichtung auf Seite der Parlamentarier dachte und wie stark dabei Aspirationen auf dem Gebiete des Steuerbewilligungsrechts im Spiele waren, geht aus der Äußerung des Abg. Braun hervor, es handle sich um eine bewegliche, jedes Jahr neu zu bewilligende, von der Reichsgewalt bei den Bürgern des Bundesgebietes zu erhebende Steuer; denn die Erhebungsstellen seien ja schon da, der Zollverein habe dazu bereits die geeigneten Organe! Daß mit der programmatischen Aufnahme der „Bundessteuern" in die Verfassung in der Sache selbst nichts entschieden wurde, hob Bismarck selbst hervor, indem er die maßgebenden Entscheidungen der Zukunft und der Gesetzgebung vorbehielt.

Die Entwicklung der Gesetzgebung ist thatsächlich seit mehr als drei Jahrzehnten so gewesen, daß zunächst nur eine zweckmäßige, den Mobiliarverkehr gewisser Art erfassende Verkehrsbesteuerung eingeführt, weiter ausgebaut und noch zuletzt gelegentlich der Flottenverstärkung im Jahre 1900, zum Teil in einer bis an die Grenze des Zweckmäßigen gehenden Weise zur Kräftigung der Reichsfinanzen verwendet ist. Die hauptsächlichste Kräftigung aber hat sich aus der Erweiterung der Zollpflicht und dem Ausbau wichtiger Reichsverbrauchssteuern ergeben, obwohl gerade bei letzteren noch starke Reserven in Gestalt einer vorerst nur mäßig einsetzenden Verbrauchsbesteuerung, so insbesondere beim Tabak, gegeben sind.

Die ganze Geschichte des Reichsfinanzwesens bietet keinen Anhalt dafür, daß in den maßgebenden Kreisen der Reichs- und der Staatsfinanzleitung irgendwie ein Bedürfnis sich ergeben hätte, die Finanzgewalt des Reichs thatsächlich auf dem Gebiete auch des direkten Steuerwesens eingreifen zu lassen. Die ganze thatsächliche Entwicklung der Reichsfinanzen läßt vielmehr erkennen, daß ohne Schädigung des Interesses der Reichsfinanzen, im Interesse des für eine Reihe wichtigster Kulturaufgaben erforderlichen guten Standes der Landesfinanzen und namentlich zur Ermöglichung einer rationellen vereinfachten direkten Landesbesteuerung eine unbedingte Verfügung der Landesfinanzgewalt auf dem gesamten Gebiet der direkten Steuern geboten erscheint; gerade so wie — um Kleines mit Großem zu vergleichen — sich die Sache auch auf dem Gebiete der Immobiliar-Verkehrsbesteuerung entwickelt hat.

In der That haben sich nicht Staatsmänner, sondern Gelehrte und Parlamentarier aus sehr verschiedenen Gründen — auf die ich hier im einzelnen nicht eingehen kann — für direkte Reichssteuern ausgesprochen. In älterer Zeit befürwortete man eine Reichsgewerbesteuer und insbesondere eine Reichseinkommensteuer. Mit dem allmählichen Verschwinden der Gewerbesteuer aus der Reihe der Staatssteuern — auch in Bayern wird es wohl in nicht zu ferner Zeit dazu kommen — ist das Interesse an einer Reichsgewerbesteuer erloschen. Dafür macht sich, seit Preußen mit Erfolg eine ergänzende allgemeine Vermögenssteuer eingeführt hat, eine gewisse Vorliebe für eine allgemeine fortlaufend erhobene Reichsvermögenssteuer oder für eine intermittierend zur Erhebung gelangende Steuer solcher Art, nämlich für eine Reichserbschaftssteuer, geltend.

Eine lehrreiche Illustration hierzu bieten die Verhandlungen des preußischen Abgeordnetenhauses vom 16. Januar ds. Js. Der Abg. Eugen Richter befürwortete die Übertragung der Vermögenssteuer an das Reich, ohne übrigens den finanziellen Zusammenhang des Reiches mit den Einzelstaaten mittels eventueller stärkerer Inanspruchnahme der letzteren mit Matrikularbeiträgen aufgeben zu wollen. Mit Recht betonte der Finanzminister Frhr. v. Rheinbaben in der nächsten Sitzung gegenüber solchem Verlangen das principiis obsta, da die Bundesstaaten die Hand nicht dazu bieten könnten, daß auch die direkten Steuern seitens des Reichs mit Beschlag belegt werden. Ich habe, als die Deckungsfrage für unsere jüngste Flottenverstärkung aufgeworfen war, in einer kleinen Schrift[1]) die Gründe zusammenzustellen versucht, die meines Erachtens jeden Übergriff der Reichsfinanzgewalt auf das Gebiet der direkten

[1]) Flotte und Finanzen. Die Deckungsfrage. Tübingen 1900. H. Laupp.

Besteuerung als unannehmbar erscheinen lassen, und bitte mich hier darauf beziehen zu dürfen. Ohne die freie Bewegung auf dem Gebiete der direkten Besteuerung können die Einzelstaaten ihren Haushalt nicht in Ordnung halten; außerdem würde das Zugreifen zweier Finanzgewalten auf dasselbe Steuerobjekt, wenn solches auch unter verschiedenartiger Präzisierung der Steuerpflicht geschieht, zu den unmöglichsten Konflikten führen.

Wenn hiernach auch abstrakt staatsrechtlich dem Reich das Gebiet der direkten Besteuerung offen steht, so mangelt es an jeglicher politischer Veranlassung, irgendwie von diesem Rechte Gebrauch zu machen. Im Gegenteil, der thatsächliche Verzicht auf solchen Gebrauch ist die Voraussetzung befriedigender bundesfreundlicher Gestaltung der Beziehungen zwischen der Finanzgewalt in ihrer individuellen einzelstaatlichen und ihrer kollektiven Reichsgestaltung.

* * *

Bei der Untersuchung der Frage, wie die Reichsfinanzreform zu bewirken sein wird, sind wir zu einem weiteren wichtigen Ergebnis negativer Art gelangt. Geboten ist Kräftigung der Finanzen des Reiches durch Reichsbesteuerung, aber nicht durch Erstreckung der Finanzgewalt des Reichs auf das Gebiet der direkten Steuern. Hiernach verbleibt das Gesamtgebiet der indirekten Steuern im weitesten Sinne, mit Einschluß der Zölle für die Sanierungsaktion.

Die Zölle sind die Hauptsäule des Reichshaushalts und zugleich eine erfahrungsmäßig sehr entwicklungsfähige Einnahmequelle. Im ersten Jahrfünft des Reichsbestandes betrug die Einnahme des Reichs an Zöllen nicht viel über

100 Millionen Mark (118 Millionen im Durchschnitt 1871/75); heute bewegt sich die Zolleinnahme um den Betrag einer halben Milliarde (505 Millionen Mark im Jahre 1898, 494 Millionen Mark im Jahre 1899, 493 Millionen Mark im Jahre 1900 — Voranschlag für 1902 im Reichstag von 472 auf 484 Millionen Mark erhöht). Erinnern wir uns daran, daß die Grundaufgabe der Reichsfinanzreform in einer Kräftigung der Reichsfinanzen um etwa 100 Millionen Mark besteht, sofern der — zur Zeit wohl aussichtslose — Gedanke einer ausgiebigen Dotation der Einzelstaaten aus Reichsmitteln beiseite gesetzt wird. Hiernach handelt es sich um einen Betrag, der, wenn auch nicht ganz, so doch zu erheblichem Teil aus einer Vermehrung der Zolleinnahmen gewonnen werden kann, sofern die allgemeine Richtung der Handels- und Zollpolitik der Ausbildung der Zolleinnahmen günstig ist. In dieser Lage aber befinden wir uns zur Zeit trotz unerfreulicher, hoffentlich bald vorübergehender Störungen, die in der jüngsten Zeit in den Verhandlungen der Zolltarifkommission sich ergeben haben. Hiernach ist die Erwartung begründet, daß ein wesentlicher Teil des Bedarfs an Mehreinnahmen zur Durchführung der Reichsfinanzreform aus der schließlichen Gestaltung unseres neuen Zolltarifes wird gewonnen werden können.

Bei der Absicht, einen wesentlichen Teil der aus der Zolltarifreform zu erwartenden Mehreinnahmen zur Durchführung der Reichsfinanzreform zu verwenden, darf nicht übersehen werden, daß unmittelbar im Zusammenhang mit der Verstärkung der Zolleinnahmen auch eine Verstärkung der Ausgabeverbindlichkeiten des Reichs sich ergeben kann. In budgetrechtlich recht anfechtbarer Weise findet dies seinen klarsten Ausdruck dann, wenn gewisse Mehreinnahmen, z. B. aus Getreidezöllen, direkt für einen besonderen im einzelnen erst noch auszugestaltenden Ausgabezweck, z. B. Arbeiter-Reliktenversorgung, zurückbehalten werden wollen. Staatsrechtlich muß meines Erachtens jeder solche Versuch, moderne Zwecksteuern einzuführen, als ein Rückschritt und als eine Verfehlung gegen das Prinzip der „Einheit des Budgets“ aufgefaßt werden.

Man verstehe mich nicht falsch. Ich bin dem nicht entgegen, daß im Zusammenhang mit der Ausgestaltung des Zoll- und Steuerwesens die Überzeugung von der Notwendigkeit gewisser sozialpolitischer, mit Reichsaufwand verbundener Leistungen sich festigt und daß demgemäß eine entsprechende Steigerung des Reichsbedarfs in Aussicht genommen wird. Nur dagegen bin ich — und ich glaube mich dabei auf gutem staatsrechtlichem Boden zu befinden —, daß eine Sonderbeziehung zwischen gewissen Ausgaben und gewissen Einnahmen hergestellt wird. Ist eine gewisse Leistung als Reichsbedürfnis anerkannt, so bildet sie einen untrennbaren Bestandteil der Gesamtausgabe-Verpflichtung; die Deckung für den daraus erwachsenden Geldbedarf ist aus dem Gesamtbestand der verfügbaren und gegebenenfalls zu vermehrenden Reichseinnahmen zu entnehmen. Entgegenstehende Bemühungen, besondere Fäden zwischen bestimmten Ausgaben und bestimmten Einnahmen zu knüpfen, sind aus Rücksichten parlamentarischer Taktik erklärlich; doch ist zu bedenken, daß durch derartige Budgetformalismen der erhoffte günstige Eindruck auf die breiten Massen wohl kaum erreicht wird.

Wenn hiernach feststeht, daß die Zölle berufen sind, neben dem Schutz der nationalen Produktion zugleich die

Durchführung der Reichsfinanzreform zu erleichtern, so ist klar, daß formulierte Gesetzesvorschläge zur Durchführung der letzteren im jetzigen Augenblick nicht am Platze sind und daß für den aktiven Politiker heute überhaupt kein Anlaß vorliegt, sich näher mit der Frage zu beschäftigen. Vor allem muß das Schicksal des Zolltarifs abgewartet werden. Gerade darum aber ist man jetzt in der Lage, in voller Ruhe in vorbereitende Erwägung zu nehmen, auf welche andere Stärkung der Reichsfinanzen neben der zu erwartenden Hilfe aus der Vermehrung der Zolleinnahmen man eventuell noch bedacht sein muß. Die Betrachtung hat in gewissem Sinne jetzt einen akademischen Charakter; aber es ist meines Erachtens gut, daß man in ruhiger Zeit diese Frage sich vorlegt, damit rechtzeitig eine Überzeugung von dem Staatsnotwendigen sich festigt, die dann, wenn die Frage aktuell wird, gegen den zu erwartenden gewaltigen Ansturm Jener, die sich dadurch gefährdet glauben, mit Entschiedenheit festgehalten werden kann.

Daß die außer auf dem Gebiet der Zölle zu bewirkende Kräftigung der Reichsfinanzen nicht wohl auf dem Gebiet der vom Reich bewirkten Verkehrsbesteuerung durchgeführt werden kann, dürfte ziemlich allgemein anerkannt werden. Diese Zitrone ist ziemlich ausgepreßt. Und was die seinerzeit einmal in Aussicht genommene allgemeine Quittungssteuer anlangt, so bleibt sie besser als Reserve für ungünstige Verhältnisse, zu deren Eintritt es hoffentlich in absehbarer Zeit nicht kommt.

Hiernach ergiebt sich mit Notwendigkeit der Ausbau der Verbrauchsbesteuerung des Reiches. Bezüglich des Zuckersteuerertrages verspricht das Zustandekommen der prinzipiell hochbedeutsamen völkerrechtlichen Vereinbarung auch ohne Erhöhung — ja vielleicht sogar bei einiger Erniedrigung[1]) des Steuersatzes — eine für die Reichsfinanzen sehr erwünschte Erhöhung. Ob es dazu kommt, wird meines Erachtens vorzugsweise von der endgültigen Gestaltung der Stimmung im englischen Parlament abhängen. Welche Erwägungen bei der Wahl des zu ausgiebigerer Besteuerung heranzuziehenden Steuerobjektes maßgebend sind, zu erörtern, ist im Rahmen der Aufgabe, die ich mir gestellt habe, nicht am Platz. Wohl aber darf ich als Ergebnis eingehender Prüfung feststellen, daß in erster Linie unbedingt der Tabakverbrauch in Betracht kommen muß.

Ich könnte hier schließen, wenn nicht gerade dieser finanzpolitisch gewissermaßen von selbst sich darbietende Zugriff auf den Tabakverbrauch durch eine in weiten Kreisen verbreitete Vorstellung von der Verwerflichkeit gerade der wichtigsten Verbrauchssteuern bedroht wäre. Ist ja doch die finanzpolitisch wie staatsrechtlich überaus merkwürdige Thatsache zu verzeichnen, daß der Reichsgesetzgeber in einem Fall, als es sich darum handelte, eine dauernde und allmählich sich steigernde Vermehrung des Reichsbedarfs herbeizuführen, sich selbst den Weg verlegt hat, zur Deckung der konkreten Mehrausgaben „die indirekten, den Massenverbrauch belastenden Reichssteuern" heranzuziehen. So lautet die mit der rationellen Ausgestaltung unserer Finanz- und Steuerpolitik im Widerspruch befindliche Bestimmung in § 8 des alten Flottengesetzes von 1898 und in § 6 des neuen von 1900.

[1]) Eine solche ist inzwischen in dem am 29. April 1902 dem Reichstag vorgelegten Entwurf eines Gesetzes wegen Abänderung des Zuckersteuergesetzes in Aussicht genommen worden.

Gegenüber diesem Versuch einer Bindung der Steuerpolitik des gegenwärtigen und des künftigen Gesetzgebers tritt der Minimaltarif des Zolltarifentwurfs an prinzipieller Bedeutung weit zurück. Über die Schwierigkeiten, die eine ernsthafte Anwendung dieser Bindungsbestimmung bieten muß, habe ich an anderer Stelle mich geäußert.[1]) Man wird hiernach in Bestimmungen solcher Art im Grunde nicht viel anderes als einen Monolog des Gesetzgebers der Gegenwart erblicken dürfen, durch den er sich selbst und seinen Nachfolger ermahnt und warnt, durch den er aber die Finanz- und Steuerpolitik nicht auf die Dauer binden kann. Aber auch eine solche Warnung hat ihre moralische Bedeutung; würde sie noch einmal aus anderem Anlaß wiederholt, oder würde gar, wie es in den zollpolitischen Debatten bereits zu Tage getreten ist, die Aufhebung konsolidierter wichtiger Verbrauchssteuern als Kompensationsobjekt angeboten, so würden die Grundsäulen der Reichsfinanz- und Steuerpolitik in unheilbarer Weise erschüttert.

Abhilfe kann nur dadurch geschaffen werden, daß das Übel, das die Ausgestaltung der deutschen Reichssteuerpolitik bedroht, an der Wurzel erfaßt wird. Die Wurzel des Übels aber ist die fast krankhafte Vorstellung von der Schädlichkeit auch der finanzpolitisch nützlichsten Verbrauchsbesteuerung. Dabei fällt den Theoretikern der Nationalökonomie und Finanzwissenschaft ein gutes Stück der Mitschuld an der Verbreitung von Vorstellungen zu, die dann schließlich in so merkwürdigen staatsrechtlichen Formen, wie die vorerwähnten Paragraphen unserer Flottengesetze sind, krystallisieren. Die

[1]) Flotte und Finanzen. Tübingen 1900. S. 11.

Berechtigung der Verbrauchsbesteuerung, und zwar gerade des Massenverbrauchs und die damit im Zusammenhang stehende rationelle Gestaltung der direkten Besteuerung der Besitzenden und Vermögenden darzuthun, fällt nicht in den Rahmen meiner Aufgabe.

Nur in aller Kürze möchte ich im Anschluß an das, was ich gelegentlich der Erörterungen über den Zolltarif in einer kleinen Schrift[1]) und bei den Verhandlungen des Vereins für Sozialpolitik in München[2]) hervorgehoben habe, betonen, daß der theoretische Fehler bei der Beurteilung des Wesens der Verbrauchssteuern in der einseitig statistisch-mechanischen Betrachtung des Ausgabebudgets des Verbrauchers, ohne entsprechende Berücksichtigung des Einnahmebudgets und der Elastizitätsmomente des Gesamtbudgets beruht. Mit den übertriebenen Vorstellungen von der Volksfeindlichkeit der wichtigsten Verbrauchssteuern, z. B. einer ausgiebigeren Tabakbesteuerung, aufzuräumen, ist eine der Hauptaufgaben in dem jetzigen Vorbereitungsstadium der Reichsfinanzreform. Dabei wird sich auch Gelegenheit geben, mit einer anderen weit verbreiteten Vorstellung zu brechen, daß nämlich die Verbrauchssteuern im Gegensatz zu den direkten Steuern des Moments der Beweglichkeit entbehrten.

Wie wenig Befriedigung die Beweglichkeit der direkten Steuern gewährt, wissen wir aus dem Mißbehagen, das eine aufwärts sich bewegende Veränderung der Gemeindesteuer-

---

[1]) Zolltarif-Entwurf und Wissenschaft. München und Berlin 1901. R. Oldenbourg. S. 89 u. ff.

[2]) Verhandlungen des Vereins für Sozialpolitik über die Wohnungsfrage und die Handelspolitik (Schriften des Vereins XCVIII) Leipzig 1902. S. 275.

zuschläge erzeugt. Daß aber gerade die Verbrauchsbesteuerung, und wiederum darf ich die Tabakbesteuerung anführen, sehr geeignet ist, mit einem Wandel der Steuersätze dem steigenden oder sinkenden Gesamtbedarf sich anzuschmiegen, dafür haben wir den historischen Beleg in der Ausgestaltung der amerikanischen Tabakbesteuerung. Als Kriegssteuer entstanden, ist sie in Friedenszeiten dem Bedarf entsprechend herabgesetzt und erhöht, sodann im Jahre 1898 im Hinblick auf den erneuten Kriegsbedarf bedeutend erhöht worden.

Mit unserer Angst vor einer finanz- und steuerpolitisch angemessenen Handhabung der in der ganzen Kulturwelt für die Deckung des öffentlichen Bedarfes bedeutungsvollsten Verbrauchssteuer haben wir noch etwas von dem doch im übrigen überwundenen theoretisierenden, doktrinären deutschen Philister an uns. Wer dazu beiträgt, auf diesem Gebiete, sei es auch entgegen den Strömungen des Tages, gesunde Vorstellungen zu verbreiten, dient auch den richtig verstandenen Interessen des Vaterlandes, wenn auch der Beifall, den er augenblicklich findet, vielleicht nur ein sehr geringer ist. Der Finanzpolitiker aber, der sich mit dem Problem der Reichsfinanzreform beschäftigt, wird mit doppeltem Interesse die Bemühungen verfolgen, die darauf abzielen, dem wichtigen Gebiet der Verbrauchsbesteuerung die Rangstellung zu erhalten, die ihm in einem großen Gemeinwesen der heutigen Kulturwelt gebührt.

Ganz besonders wird er deshalb wünschen, daß nicht etwa um eines Augenblickserfolgs willen der Gesetzgeber selbst an den Grundlagen dieser wichtigsten Säule des öffentlichen Haushalts rüttle. Wie seinerzeit die Verhandlungen über das Flottengesetz Situationen geschaffen haben, die eine richtige Ausgestaltung der Reichsfinanzreform zeitweise bedrohten und schließlich einen unerwünschten öffentlich-rechtlichen Nachklang in den erwähnten Paragraphen der Flottengesetze hinterlassen haben, so besteht jetzt bei den Zolltarifverhandlungen eine erneute erhöhte Gefahr solcher Art. Allerdings darf man dabei auch hoffen, daß vielleicht gerade die Übertreibung der Befehdung der Verbrauchssteuern zur Umkehr führt.

Hat ja doch die Zolltarifkommission bereits den kommunalen Verbrauchssteuern den Krieg erklärt und damit den städtischen und insbesondere großstädtischen Finanzverwaltungen, die vielfach als Gegner der höheren Getreidezölle den theoretisierenden Erwägungen gegen die Verbrauchsbesteuerung sich angeschlossen hatten, recht deutlich vor Augen geführt, daß man nicht mit Steinen werfen sollte, wenn man in einem Glashause sitzt. Es steht zu hoffen, daß die Neuerwägung des Problems, die in kommunalen Kreisen hierdurch veranlaßt ist, zu einer richtigeren Würdigung der Verbrauchssteuern überhaupt führen wird. Sie und die Zölle, die ja auch zum großen Teil Verbrauchsbesteuerung darstellen, sind es, mit deren richtiger Ausgestaltung die Reichsfinanzreform steht oder fällt.

Zolltarif-Entwurf und Wissenschaft.

Von

Dr. Georg von Mayr,

o. Professor der Statistik, Finanzwissenschaft und Nationalökonomie an der Universität München, Kaiserl. Unterstaatssekretär z. D.

Preis: Mk. 3.—.

Zu der augenblicklich alle Kreise des deutschen Volkes mächtig bewegenden Frage der künftigen Gestaltung unserer Handels- und Zollpolitik sich zu äußern, ist auch die nationalökonomische Wissenschaft berufen. Das ist auch bisher in reichlichem Maße schon geschehen. Es fehlte aber eine Schrift, die sich als hauptsächliche Aufgabe die objektive wissenschaftliche Betrachtung der aus dem neuen Zolltarif-Entwurf ersichtlichen Hauptzielpunkte der deutschen Zollpolitik gesetzt hätte. Diese Lücke füllt die vorliegende Schrift aus, deren hauptsächlicher Inhalt mit der Lösung der hier bezeichneten Aufgabe sich beschäftigt. In Anlehnung an eine Darlegung der einzelnen für die Ausgestaltung eines Zolltarifs maßgebenden Gesichtspunkte unterzieht der Verfasser den Zolltarifgesetz-Entwurf und den beigefügten Zolltarif-Entwurf einer eingehenden Prüfung, um festzustellen, welche Lösung in demselben die für die Tarifgestaltung entscheidenden technischen und ökonomischen Grundfragen gefunden haben. Der Verfasser kommt dabei zu dem Schlusse, daß der Tarif-Entwurf, abgesehen von Einzelheiten, deren Aenderung im Verlaufe der weiteren Beratung und Beschlußfassung über den Entwurf zu erwarten ist, im großen und ganzen als geeignete Grundlage der künftigen Ausgestaltung sowohl einer etwa notgedrungenen autonomen, als insbesondere auch einer auf ein System von Handelsverträgen sich stützenden deutschen Wirtschaftspolitik, anzusehen ist.

Für alle, die sich im gegenwärtigen, allüberall in der Tagespresse und in Versammlungen hervortretenden Meinungsstreit in objektiver Weise über die Hauptfragen der Zollpolitik informieren wollen, ist die vorliegende Schrift unentbehrlich.

Reichspolitik oder Freihandelsargument?

Von

Georg Evert,

Oberregierungsrat im Kgl. preuß. Statistischen Bureau.

Preis: Mk. 2.50.

Der Verfasser betont zunächst, daß gerade im wirtschaftlichen Leben mit seinen scharfen Interessengegensätzen die Devise »imperium et libertas«, nicht »libertas« allein am Platze. Die allgemeinen Grundsätze der Freihandelslehre prüfend, findet er deren „Urfehler“ in der Verwechselung von Unternehmer- und Gesamtinteressen. Bleibt nämlich das »imperium«, die Reichspolitik, ganz ohne Einwirkung auf die allgemeinen Richtungen und Ziele der nationalen Produktion, so wird diese zwar von den kapitalkräftigen Unternehmern in die ihnen selbst vorteilhaftesten Bahnen gelenkt werden; aber die übrigen Volksklassen, Grundbesitzer, Kapitalisten und Arbeiter können verlieren, während jene Unternehmer gewinnen. Das für den Privatunternehmer richtige „Haushalten mit der Produktivkraft“ kann in der Volkswirtschaft zahlreiche Kräfte zur Unthätigkeit verdammen und zu einer Last oder Gefahr für das Ganze machen. Die Einwirkung des »imperium« ist deshalb auch nicht auf vorübergehende, Uebergangs- oder Erziehungszwecken dienende Maßregeln beschränkt. Der zweite Teil der Schrift beschäftigt sich von allen diesen Gesichtspunkten aus mit Brentanos „Freihandelsargument“, prüft die Richtigkeit der unter Herausforderung mathematischer Kritik aufgestellten Kalkulationen Brentanos eingehend und führt insbesondere dessen Lehre, wonach jede Erhöhung der Rente einer Kultur sich in eine Erhöhung ihrer Produktionskosten umsetze, ad absurdum. Im Schlußwort findet der Verfasser eine nachdrückliche Bethätigung des wirtschaftlichen »imperium« für Deutschland noch dringender geboten als für andere Länder.

www.ingramcontent.com/pod-product-compliance
Lightning Source LLC
LaVergne TN
LVHW091732021026
849161LV00003BB/571